CATALOGUE
DES LIVRES

TRÈS-BIEN CONDITIONNÉS

DU CABINET DE M. ***, le Mis de Chateaugiron.
Livres doublés.

Dont la Vente se fera le mercredi 26 Avril 1820, et jours suivans, à six heures très-précises de relevée, en l'une des Salles de l'Hôtel de Bullion, rue J. J. Rousseau, n° 3.

Se distribue A PARIS,

Chez MM. { De Bure frères, Libraires du Roi, et de la Bibliothéque du Roi, rue Serpente, n° 7;
Mérault, Commissaire-priseur, rue de l'Éperon n° 8.

1820.

ORDRE DES VACATIONS.

On pourra voir les Livres tous les jours, depuis une heure jusqu'à trois.

Tous les livres seront vendus pour complets. On pourra les collationner pendant les deux heures d'exposition ; mais une fois sortis de la salle de Vente, on ne les reprendra sous aucun prétexte.

Les articles rares et précieux, etc. qui se trouveroient dans les 25 premiers numéros de la vacation seront vendus à la fin.

Les Livres seront exposés dans l'ordre qui suit :

Première vacation, le mercredi 26 *avril* 1820.

Les nos 1 à 80.

Deuxième vacation, le jeudi 27.

Les nos 81 à 160.

Troisième vacation, le vendredi 28.

Les nos 241 à 320.

Quatrième vacation, le samedi 29.

Les nos 194 à 240.

161 à 193.

Les Cuivres des Fables de La Fontaine.

LIVRES NOUVEAUX,

Chez DE BURE Frères, Libraires du Roi et de la Bibliothéque du Roi, rue Serpente, n° 7.

Nouveau Testament, en turc, publié par M. Kieffer. *Paris, Imprimerie Royale*, 1819, *in-8°. rel. en veau*..... 15 fr.

Testament de Louis XVI, roi de France et de Navarre, avec une traduction arabe, par M. le Baron Silvestre de Sacy. *Paris, de l'Imprimerie Royale*, 1820, *petit in-8° br.* 2 fr. 50

Le même. *Papier Vélin, br*........................ 5 fr.

Iliadis fragmenta antiquissima, cum Picturis. Item scholia veteres ad Odysseam. (Didymi Alexandrini marmorum et liquorum mensuræ.) Edente Angelo Maio, Ambrosiani collegii doctore. *Mediolani, Regiis Typis*, 1819, *grand in-fol. br.* avec cinquante-huit planches gravées au trait et imprimées sur le texte. 110 fr.

Pend-Namèh, ou le Livre des Conseils de Férid-Eddin Attar, en persan et en françois, traduit et publié par M. le baron Silvestre de Sacy. *Paris, de l'Impr. Royale*, 1819, *in-8. br.*.................................... 20 fr.

— Le même, *en Papier Vélin*.................... 30 fr.

Ce Livre est imprimé avec beaucoup de soin. Les sommaires des chapitres sont imprimés en rouge, et tout le texte persan est orné d'un cadre rouge.

Il n'en a été imprimé que 300 exemplaires, dont 250 sur papier fin, et 50 sur papier vélin.

Nicetæ Eugeniani Narrationes amatoriæ, et Constantini Manassis Fragmenta, gr. et lat. edidit, vertit atque notis instruxit Jo. Fr. Boissonade. *Parisiis*, 1819, 2 *vol. in-12. br.*.. 15 fr.

Leonis Diaconi Caloensis Historia, scriptoresque alii ad res Byzantinas pertinentes, gr. et lat. e Bibliotheca regia nunc primum in lucem edidit, versione latina et notis illustravit C. B. Hase. *Parisiis, e Typogr. Regia*, 1819, 1 *vol. grand in-fol. br.*................................ 40 fr.

Ce volume, imprimé de même format que ceux de la grande et belle collection connue sous le nom de *Byzantine*, en est une suite nécessaire.

Deux Lettres à mylord comte d'Aberdeen, sur l'authenticité des Inscriptions de Fourmont; par M. Raoul Rochette, de l'Académie des Inscriptions et Belles-Lettres, conservateur du Cabinet des Médailles de la Bibliothéque du Roi, etc. *Paris, de l'Impr. Roy.* 1819, *in-4. br. avec 4 planch.* 6 fr.

Recueil de Dissertations sur différens sujets d'Antiquité, par M. Quatremère de Quincy. *Paris, de l'Impr. Roy.* 1819, 1 *vol. gr. in-4. Pap. Fort, avec 7 planches, dont 2 coloriées, br.* .... 36 fr.

Les six Dissertations qui forment ce volume sont extraites des nouveaux Mémoires de l'Académie des Inscriptions; il n'en a été imprimé de ce format que 50 exemplaires, pour lesquels on a colorié avec soin 2 grandes planches.

On trouve chez les mêmes Libraires les ouvrages suivans de M. Quatremère de Quincy.

Le Jupiter Olympien, ou l'Art de la Sculpture antique en or et en ivoire. *Paris,* 1815, *gr. in-fol. fig. color. cart.* 200 fr.

Lettres sur le Projet d'enlever les Monumens de l'Italie, nouvelle édition. *Rome,* 1815, *gr. in-8. br.* = Considérations morales sur la destination des Ouvrages de l'art. *Paris,* 1815, *gr. in-8. br.*.......................... 4 fr. 50 c.

— Le dernier ouvrage séparément.................. 2 fr.

Lettres écrites de Londres à Rome, et adressées à M. Canova; sur les marbres d'Elgin, ou les Sculptures du Temple de Minerve à Athènes. *Rome,* 1818, *gr. in-8. br. Pap. Vél.* 7 fr.

— Le même. *Papier ordinaire*..................... 5 fr.

Il n'a été tiré de ce dernier ouvrage qu'un très-petit nombre d'exemplaires.

Montant des vacations.	
1ère vacat.	737.70
2e	738.20
	1475.90
3e	775.50.
	2251.40
4e	1564.55
	3815.95
erreur sur le n° 78 en moins	27.90
	3843.85

acheté	
1ère vacation	293.15
2e	229
	522..15
3e	230.30
	752.45
4e	194.35
	946.80

Servoine

chimot.

p.

Mlle charpentier

chimot.

Mlle charpentier

Chimot.

10. Lien.

p.

Chimot.

CATALOGUE

DES LIVRES

DE M. ***.

1 La Sainte Bible, traduite sur les textes originaux, (par Le Gros.) *Cologne*, 1739, *in*-12. *v. gauffré.*

2. Novum Testamentum, græce. *Lutetiæ*, *Rob. Stephanus*, 1569, 2 *vol. pet. in*-12. *m. v.*

3. Le nouveau Testament, en françois. *Paris*, 1696, 8 *vol. in*-8. *v. b.*

4. Les Imaginaires et les Visionnaires, par le sieur Damvilliers, (Nicole.) *Liège*, (*Leyde*, *Elzev.*) 1667, 2 *vol. in*-12. *v. f.*

5. Les mêmes. 2 *vol. in*-12. *v. b.* - - - - - - - -

6. L'Alcoran de Mahomet, trad. par Du Ryer. *La Haye*, 1685, *in*-12. *v. gauffré, dent.*

7. Justiniani Institutiones. *Antuerpiæ*, 1676, *in*-16. *br.*

8. Paradoxes, ce sont propos contre la commune opinion débatus en forme de déclamations, par Ch. Estienne. *Paris*, 1554, *in*-16. *v. f.*

9. Œuvres philosophiques de F. Hemsterhuis. *Paris*, 1792, 2 *vol. in*-8. *br.*

10. La Logique (de Port-Royal.) *Amsterdam*, 1675, *in*-12. *m. v. dent.*

11. Morale de Mahomet, par Savary. *Paris*, 1784, *in*-18. *m. r. Pap. Vél.*

12. L'École de l'Homme, ou parallèle des portraits

du siècle, etc. *Londres*, 1762, 3 *vol. pet. in*-8. *m. r. avec la clef.*

13. Essais sur la Nécessité et sur les moyens de plaire, par Moncrif. *Paris*, 1738, *in*-12. *v. f.*

14. Œconomiques, (par Dupin, fermier-général.) 1745, 3 *vol. in*-4. *v. m.*

Ouvrage très Rare, qu'on dit n'avoir été tiré qu'à quinze exemplaires.

15. An Essay on the principle of population, by Malthus. *London*, 1806, 2 *vol. in*-8. *br.*

16. Tableau du Commerce de la Grèce, par Félix Beaujour. *Paris, an* VIII, 2 *vol. in*-8. *br.*

17. Dénonciation d'Agiotage, et trois autres pièces sur les finances, par De Mirabeau. 1785 — 1787, *in*-8. *v. gr.*

18. De la recherche de la Vérité, (par Malebranche.) *Paris*, 1678, *in*-4. *v. b.*

19. Esquisse d'un tableau historique des progrès de l'Esprit humain, par Condorcet. *Paris, an* III, *in*-8. *v. f. dent. Pap. Vél.*

20. Études de la Nature, par Bernardin de Saint-Pierre. *Paris*, 1791, 5 *vol. in*-12. *m. vert.*

21. Harmonies de la nature, par le même. *Paris*, 1815, 3 *vol. in*-8. *br. Pap. Vél.*

22. Ed. Luidii Lithophylacii Britannici Ichnographia. *Londini*, 1699, *in*-8. *m. bl. dent.*

Ce livre n'a été tiré qu'à 120 exemplaires.

23. Discours sur la Vie de la campagne, par M. A. de La Borde. *Paris*, 1808, *in*-8. *v. j.*

24. De la Gloire de l'Aigle, par Chazot. *Paris*, 1809, *in*-8. *br.*

25. Métamorphoses naturelles, ou Histoire des insectes, par Jean Goedart. *La Haye*, 1700, 3 *vol. in*-8. *fig. color. m. citr.*

26. Palæphati de Incredibilibus liber, gr. et lat. cum notis C. Tollii. *Amstelod. Lud. Elzevir*, 1649, *in*-12. *vél.*

p.

14 60+ 14. C.

gailliot.

p.

p.

chimot.

20. of.
21. of.

Barrois l'aîné.

De Soleinne

chinot.

chinot.

n'huzard.

31. gu.

Chanoriau

martin

p.

p.

36. part. C.

p.

Simonnet.

Simonnet.

gailliot.

p

27. Morbi gallici curandi Ratio. *Lugd.* 1536, *in*-8. *v. b.*

Recueil Rare de pièces sur la maladie vénérienne.

28. Essai sur les propriétés médicinales de l'Oxigène. *Paris, an VII, in*-8. *v. f.*

29. Manuel des Amphitrions, (par Grimod de La Reynière.) *Paris*, 1808, *in*-8. *v. j.*

30. De Incorruptione cadaverum. *Avenione*, 1665, *in*-8. *m. puce, dent.*

31. Sev. Pinæus de Virginitatis notis, graviditate et partu. *Lugd. Batav.* (*Elzev.*) 1641, *in*-12. *fig. vél.*

32. Traité des Eunuques, par M. D. (Ancillon.) 1707, *in*-12. *v. f.*

33. Le même. *in*-12. *v. b.*

34. Abrégé d'Astronomie de La Lande. *Paris, an III, in*-8. *dos de m. v.*

35. Entretiens sur la pluralité des Mondes, par Fontenelle. *Dijon, P. Causse, an 11, in*-8. *m. vert, doubl. de tabis. Pap. Vél.*

36. Censorinus de Die natali, cum notis Lindenbrogii. *Lugd. Batav.* 1642, *in*-8. *v. f.*

Exemplaire de De Thou.

37. Proposition d'une mesure de la Terre, par d'Anville. *Paris*, 1735, *in*-12. *v. avec une carte.*

38. Manuel typographique, par Fournier. *Paris*, 1764, 2 *vol. in*-8. *fig. v. m.*

39. La danse des Morts, dessinée et gravée d'après M. Mérian, en allemand et en françois. *Basle*, 1744, *in*-4. *v. f.*

40. Campagne du général Bonaparte en Italie, pendant les années IV et V, par un officier-général, (Pommereuil.) *Paris*, 1797, *in*-8. *v. f.*

41. État militaire de la République Françoise dans les années XI et XII. *Paris*, 2 *vol. in*-12. *v. gr.*

42. Bulletins de la grande armée, en 1810 et 1811, en turc et arabe. 3 *vol. in*-4. *br.*

43. Cours analytique de Littérature, par L. N. Le Mercier. *Paris*, 1817, 4 *vol. in*-8. *br.*

44. De la Littérature considérée dans ses rapports avec les institutions sociales, par madame de Staël-Holstein. *Paris*, *an* IX, 2 *vol. in*-8. *v. gr.*

45. Traicté de la conformité du language françois avec le grec, par Henri Estienne. *Paris*, *in*-8. *m. r.*

46. Le Guidon de la langue italienne de N. Duëz. *Leyde*, *les Elzeviers*, 1650, *in*-8. *vél.*

47. Conciones et Orationes ex Historicis latinis excerptæ. *Amstelod. D. Elzevir.* 1672, *in*-12. *v. b.*

Bel exemplaire dont plusieurs feuilles ne sont pas coupées.

48. D. Heinsii de Tragœdiæ constructione liber. *Lugd. Bat. ex offic. Elzev.* 1643, *in*-12. *vél.*

49. Homeri Opera, gr. ex recensione F. A. Wolfii. *Lipsiæ*, 1804, 4 *vol. in*-8. *br. Pap. Fin.*

On a joint à cet exemplaire les figures au trait d'après Flaxman.

50. L'Iliade, traduction nouvelle, (par M. Le Brun.) *Paris*, 1776, 3 *vol. in*-8. *fig. v. f. dent.*

51. Anacreontis Carmina cum Sapphonis et Alcrei fragmentis, gr. et lat. *Glasguæ*, 1801, *in*-12. *m. r. Gr. Pap. R. A.*

52. Theocriti Reliquiæ, gr. et lat. ex recensione T. C. Harles. *Lipsiæ*, 1780, *in*-8. *br. Pap. Fin.*

53. Théâtre d'Eschyle, traduit par La Porte du Theil. *Paris*, *an* XIII, 2 *vol. in*-8. *fig. br. Pap. Vél.*

54. Sophoclis Tragœdiæ, græce. *Venetiis*, *in Aldi Academia*, 1502, *in*-8. *v. b.*

Première édition. Bel exemplaire.

55. Recueil de diverses pièces choisies d'Horace, d'Ovide, etc. par le président Nicole. *Jouxte la copie*, (*Elzevier*,) *in*-12. *vél.*

56. Lucrèce, trad. nouv. avec des notes, par La-

43. frob. ai+

p.

p.
Mlle charpentier
de Soleinne

47. rien.

49 ho+

p.

potey

51. impayé.

~~clerc~~. repris a M. Clerc.

55. gu.

girond.

Mlle charpentier

gailliot.

idem

chinot.

Mlle charpentier

p.

Servoin

p.

66. ant — Cawette.

67. Bapti.

p.

tm rogné. — galliot.

de Solcinne

72. gu.* — 72. mh.+ — Mlle charpentier

grange. *Paris*, 1768, 2 *vol. in*-8. *fig. cart. non rogné.*

57. Catullus. Tibullus. Propertius. *Parisiis, S. Colinœus*, 1529, *in*-8. *m. cit.*

58. Iidem cum notis J. Scaligeri. *Lutetiæ, M. Patissonius*, 1577, *in*-8. *m. bl. dent.*

59. P. Virgilii Maronis Opera. *Lugd. Bat.* 1684, *in*-16. *br.*

60. Pub. Virgilii Opera, (ed. fratribus Vulpiis.) *Patavii, Jos. Cominus*, 1738, *in*-8. *br.*

61. Ovidii Opera omnia, cum notis var. studio B. Cnippingii. *Lugd. Bat.* 1670, 3 *vol. in*-8. *fig. v. b.*

62. P. Ovidii Nas. Opera. *Amstel.* 1750, 3 *vol. in*-16. *bas.*

63. L'Epistole d'Ovidio volgarizzate, da G. Pompei. *Bassano*, 1785, *in*-8. *br.*

64. Les Œuvres de Plaute, en lat. et en fr. trad. par de Limiers. *Amst.* 1719, 10 *vol. in*-12. *fig. v. b.*

65. Terentii Comœdiæ. *Basileæ*, 1797, *in*-4. *br. Pap. Vél.*

66. Les Comédies de Térence, trad. en fr. avec le texte en regard, par Le Monnier. *Paris*, 1771, 3 *vol. in*-8. *fig. v. f.*

67. Amœnitates poeticæ. *Parisiis, Barbou*, 1779, *in*-12. *v. j.*

68. D. Baudii Amores, edente P. Scriverio. *Amstelod. L. Elzevir.* 1638, *in*-12. *m. r.*

69. Fr. Dedekindi Ludus satyricus de morum simplicitate vulgo dictus Grobianus. *Lugd. Bat.* 1631, *pet. in*-12. *vél.*

70. Jani Pannonii Poemata. *Trajecti ad Rhenum*, 1784, 2 *vol. in*-8. *vél. Ch. Magna.*

71. Buchanani Poemata. *Lugd. Bat. Elzev.* 1628 *in*-16. *m. r. Pap. Fort.*

72. J. Owenii Epigrammata. *Amst. Elzevir.* 1679 *in*-12. *dem. rel. dos de m. r. non rogné.*

73. Merlini Cocaii Poemata. *Venetiis*, 1561, *in*-12. *m. r.*

74. La danse aux Aveugles, et autres poésies du xve siècle. *Lille*, 1748, *in*-12. *m. r.*

75. Poésies satyriques du XVIIIe siècle. *Londres*, 1782, 2 *vol. in*-16. *v. m.*

76. Poésies du Roi de Navarre (publiées par Levesque de La Ravallière.) *Paris*, 1742, 2 *vol. in*-12. *v. b.*

77. Le Roman de la Rose, avec un Glossaire. *Paris*, 1735. = Supplément au Glossaire du Roman de la Rose (par Lantin de Damerey.) *Dijon*, 1737, 4 *vol. in*-12. *v. f.*

78. Le Roman de la Rose. *Paris*, *Fournier*, *an VII*, 5 *vol. gr. in*-8. *fig. m. v.*

79. Poésies de Charles d'Orléans. *Grenoble*, 1803, *in*-12. *v. gr.*

80. Les OEuvres de maistre Alain Chartier. *Paris*, *Galliot Dupré*, 1529, *in*-8. *m. bl. dent. doublé de moire*, *dent.*

81. OEuvres de Cl. Marot. *La Haye*, 1700, 2 *vol. in*-12. *v. b.*

82. Les mêmes. *Le tome 1er in*-12. *v. b.*

83. Six chants des Vertus, ouvrage français du sieur De Trelon. *Paris*, 1587, *in*-12. *vél.*

84. Le Miroir de l'Eternité, comprenant les sept âges du monde, les quatre monarchies, etc... composé par Robert Le Rocquez de Carenten en Normandie. *Caen*, 1589, *pet. in*-8. *v. b.*

Ce poëme est très-Rare.

85. Les Satyres et autres OEuvres de Regnier. *Leiden*, *J. et D. Elsevier*, 1652, *in*-12. *m. bl. dent. tab.*

86. Les OEuvres de Maynard. *Paris*, 1646, *in*-4. *fig. bas.*

87. L'Espadon satyrique, par le sieur d'Esternod. *Cologne*, 1680, *in*-12. *v. b.*

chimot.

lafitte.

p.

p.

chimot.

p.

mlle charpentier

la mere

pluquet.

~~chardin~~
de ldcinne

84. mit

84. C.

mlle charpentier

p.

mlle charpentier

86. m. Bon. 7bre - 25 c.

87. mht

p.

p.

Mlle charpentier

p.

fayolle
molelet.

p.

de soleinne

p.

fayolle

88. OEuvres diverses de P. Corneille. *Paris*, 1738, *in-12. m. r. à compartiments.*

89. Poésies de Saint-Pavin et de Charleval. *Amsterdam*, 1759, *in-12. v. b.*

90. Les trois Fanatiques, Poëme, par Le Mercier. *Paris, P. Didot l'aîné*, an IX, *in-12. m. r. dent. doub. de moire.*

91. Description de la ville d'Amsterdam en vers burlesques, par P. Lejolle. *Amsterdam* (*Elzevier*,) 1666, *in-12. cuir de Russie.*

92. Fables de La Fontaine. *Paris*, *stéréot. de Didot*, *an VII*, 2 *vol in-12. v. j. Pap. Vél.* = Contes et Nouvelles en vers, par le même. *Paris*, *stéréot. de Didot*, *an VIII*, 2 *vol. in-12. v. j. Pap. Vél.*

93. OEuvres d'Ét. Pavillon. *Amsterd.* 1750, 2 *vol. in-12. bas.*

94. OEuvres diverses de Grécourt. *Londres*, 8 *tom. en* 4 *vol. in-12. v. m.*

95. OEuvres complètes de Bernard. *Paris*, *an XI*, 2 *tom. en* 1 *vol. in-8. v. f. dent.*

96. Les Sens, poëme. = Lettres de Dulis à son ami, 1768. = Zélis au Bain, poëme, par Dorat. = Les Cerises, poëme, 1769. = Lettre de Sapho à Phaon. 1766, *in-8. m. orange.*

97. OEuvres de Gilbert. *Paris*, *an X*, 2 *vol. in-18. br.*

98. L'Occasion et le Moment, par un amateur sans prétention (Mérard de Saint-Just.) (*Paris*, *Didot l'aîné*,) 1782, *in-18. v. j. Pap. Fin.*

99. Les jeux de Mains, poëme, par de Rulhière; avec le supplément. *Paris*, 1808, *in-8. br.*

100. Le même ouvrage. *in-8. m. orange. Pap. Vél.*

101. OEuvres de Léonard, publiées par Campenon. *Paris*, *Didot jeune*, 1798, 3 *vol. in-8. v. f.*

102. Les trois règnes de la Nature, par Jacques Delille. *Paris*, 1808, 2 *vol. in-18. v. f.*

103. Les Plantes, poëme, par Castel. *Paris*, 1802, *in-12. fig. dem. rel.*

104. Dictionnaire portatif des Théâtres, par Levis. *Paris*, 1763, *in*-8. *v.*

105. OEuvres de Molière, avec les remarques de Bret. *Paris*, 1773, 6 *vol. in*-8. *fig. v. éc.*

106. OEuvres de Molière. *Paris*, *stéréot. de Didot*, 1799, 8 *vol. in*-12. *v. j.*

107. Théâtre de P. Corneille, avec le Commentaire de Voltaire. *Genève*, 1774, 8 *vol. in*-4. *fig. dem. rel.*

108. Chefs-d'œuvre de P. et de Th. Corneille. *Paris*, *stéréot. de Didot*, *an* VIII, 4 *vol. in*-12. *v. j. Pap. Vél.*

109. OEuvres de Regnard. *Paris*, *stéréot. de Didot*, 1801, 5 *vol. in*-12. *v. j.*

110. OEuvres d'Autreau. *Paris*, 1747, 4 *vol. in*-12. *v.*

111. OEuvres complètes de Crébillon. *Paris*, 1785, 3 *vol. in*-8. *v. gr. dent. Pap. Fin*, *fig. de Marillier avant la lettre.*

112. OEuvres de Crébillon. *Paris*, *stéréot. de Didot*, 1802, 3 *vol. in*-18. *v. j.*

113. OEuvres de Crébillon. *Paris*, *Didot l'aîné*, 1812, 3 *vol. in*-8. *fig. cuir de Russie.*

114. Cornélie Vestale, tragédie, (par Fuzelier et le président Hénault.) *Strawberry-Hill*, 1768, *in*-8. *v. j. Rare.*

115. Théâtre des Boulevards. 1766, 3 *vol. in*-12. *v. m.*

116. Il Libro del perche, la Pastorella nobile di Marino, etc. (*Parigi*, *Prault*,) *in*-12. *m. r.*

117. La Divina Commedia, di Dante. *Parma*, *Bodoni*, 1795, 3 *vol. in-fol. cart.*

118. Il Petrarca, con nuove spositioni. *In Venetia*, 1586, *in*-12. *vél. vert. un feuillet refait à la main.*

Exemplaire avec les armes et la signature de De Thou.

119. Stanze di Pietro Bembo. (*Parma*, *Bodoni*,) *in*-8. *br.*

p.

g. warée 105. pz+

mlle charpentier 106. an.+

107. pz+

mlle charpentier 108. x+

la meme

galliot.

mlle charpentier

113. les crus.

114. Crus.

p.

p.

p.

trois pages et demi refaites a la plume. 118. C.

fayolle

p.

Motelet.

fayolle

de lolcinne

127. Crus.

p.

antoine

de lolcinne

tres rogné. chimot.

pierre

le titre lavé au blanc. p.

174. tourn. ae+ 50c. tres rogné, le titre doublé en un feuillet rogné a la lettre. fayolle

120. Dubbii amorosi, di Pietro Aretino. *Nella Stamperia del Forno, in-18. m. r. Pap. de Hollande.*

121. La Vedova, commedia facetissima, di Nic. Buonaparte, cittadino fiorentino. *Parigi, Molini,* 1803, *in-8. v. f. dent. Pap. Vél.*

122. Aminta, di T. Tasso. *Glasgua, Foulis,* 1753, *in-12. v. f. fig. de S. Le Clerc.*

123. Amori, Poesie anacreontiche, del conte Ludovico Savioli. *Parigi,* 1795, *in-12. v. f. Pap. Vél.*

124. Novelle galanti in ottava rima, dell' Ab. (Abbate Casti.) *Parigi,* 1793, *in-12. tiré de format in-8. m. bl. dent.*

125. Le Api panacridi in Alvisopoli, di Vincenzo Monti. *Alvisopoli,* 1811, *in-4. m. orange, Pap. Vél.*

126. Œuvres de Salomon Gessner, (trad. par Huber.) *Paris, A. A. Renouard,* 1799, 4 *vol. in-8. fig. m. r. dent. Pap. Vél.*

127. Théâtre de Schiller, trad. de l'allemand, par La Martelière. *Paris,* 1799, 2 *vol. in-8. v. gr.*

128. Poétique Anglaise, par M. Hennet. *Paris,* 1806, 3 *vol. in-8. dem. rel. dos de m. r.*

129. Poésies Françaises d'un prince étranger, (Beloselsky.) *Paris, Didot l'aîné,* 1789, *in-8. v. f.*

130. Nugæ venales. *Anno* 1648, *in-12. vél.*

131. Les Œuvres de Fr. Rabelais. (*Leyde, Elzevier,*) 1663, 2 *vol. in-12. m. r. dent.*

132. Les mêmes, avec des remarques par Le Duchat. *Amsterdam,* 1741, 3 *vol. in-4. fig. de B. Picart, vél.*

133. Les nouvelles et plaisantes Imaginations de Bruscambille, par D. L. *Bergerac,* 1615, *in-12. v. f.*

134. Il Decamerone di Giov. Boccacci. *Amsterd.* (*Elzevier,*) 1665, 1 *tome rel. en 2 vol. in-12. v. m.*

135. Nouvelles de Cervantes, traduites en françois. *Amsterd.* 1720, 2 *vol. in*-12. *br.*

136. Les Amours pastorales de Daphnis et de Chloé, trad. du grec de Longus, par Amyot. *Paris, P. Didot l'aîné, l'an* VIII, *in*-12. *m. bl. dent. doublé de tabis.*

137. Les mêmes. *Paris, Renouard, in*-12. *fig. Pap. Vél.*

138. Les mêmes, traduction complète. *Paris, F. Didot*, 1813, *in*-12. *br. Pap. vél.*

139. Gli Amori pastorali di Dafni e Cloe di Longo, tradotti del Comm. Annibale Caro. *Parigi, A. A. Renouard*, 1800, *in*-12. *v. f. Pap. Vél.*

140. Les Aventures d'Eugène de Senneville et de Guillaume Delorme, publiées par L. B. Picard. *Paris*, 1813, 4 *vol. in*-12. *br.*

141. Les Aventures de Télémaque, par Fénélon. *Paris, Didot l'aîné*, 1783, 4 *vol. in*-18. *m. r. Pap. Vél.*

142. La Carte de la cour, par Guéret. *Paris*, 1663, *in*-12. *v. f.*

143. La Chaumière indienne, et le Café de Surate, par Bernardin de Saint-Pierre. *Paris, Didot*, 1807, *in*-18. *m. orange. Pap. Vél.*

144. Constance d'Auvalière et Jules d'Espernon, par madame Bournon Malarme. *Paris*, 1813, 3 *vol. in*-12. *br.*

145. Egbert Nevil, par madame de Bournon Malarme. *Paris*, 1815, 3 *vol. in*-12. *br.*

146. Histoire de Gilblas de Santillane, par Le Sage. *Paris, l'an* IX, 4 *vol. in*-8. *br. Gr. Pap. Vél.*

Il y manque les figures.

147. Histoire des Amours de Henri IV. *Leyde, Sambix*, (*Elzev.*) 1663, *in*-12. *v. gauff. dent.*

148. Irons-nous à Paris? ou la Famille du Jura, (par Lemontey.) *Paris*, 1804, *in*-12. *v. gr.*

p.

p

galliot.

antoine

fayolle

antoine

porquet.

motelet.

m[lle] charpentier

p.

p.

178. Les.

147. Bon. 8e – 25 c. Crus

p.

p.

p.

p.
truchy

157. tourn. 8l-50c. motelet.

idem

159. part.

p.
pillet.

163. broch. 6f-25c. Crus. imparfait du titre et de la gravure motelet.

149. Lancelot Montagu, par madame de Malarme. *Paris*, 1816, 3 *vol. in*-12. *br.*

150. Mémoires de Miss Bellamy, trad. de l'anglais. *Paris*, *an VII*, 2 *vol. in*-8. *br.*

151. Mémoires historiques et secrets, concernant les Amours des rois de France. *Paris*, *vis-à-vis le cheval de bronze*, 1709, *in*-12. *v. b.*

152. Le prince de Condé, par Boursaut. *Paris*, *Didot*, 1792, 2 *vol. in*-12. *br. Pap. Vél.*

153. Relation de l'Isle imaginaire. = Histoire de la princesse de Paphlagonie, par mademoiselle de Montpensier. *Paris*, 1805, *in*-12. *br. Pap. Vél.*

154. Le Temple de Gnide, suivi d'Arsace et Isménie, par Montesquieu. *Paris*, *P. Didot l'aîné*, 1796, *in*-12. *fig. avant la lettre. m. citr. Pap. Vél.*

155. The Vicar of Wakefield, by Goldsmith. *Paris*, 1800, *in*-12. *v. f. dent. Pap. Vél.*

156. Auli Gellii Noctium atticarum lib. XVIII. *Venetiis*, *Aldus*, 1515, *in*-8. *bas. piqué des vers.*

157. Auli Gellii Noctes atticæ. *Amst. Elzev.* 1651, *in*-12. *m. r. dent.*

158. Alexandri ab Alexandro Genialium Dierum libri sex, cum not. var. *Lugd. Bat.* 1673, 2 *vol. in*-8. *m. r.*

159. Gisb. Cuperi Observationum liv. III. *Ultrajecti*, *P. Elzevir.* 1670. = Ejusd. Observationum lib. quartus. *Daventriæ*, 1678, 2 *vol. in*-8. *vél.*

160. P. Horrei Observationes criticæ in scriptores græcos historicos. *Leovardiæ*, 1736, *in*-8. *br.*

161. Éloge historique et critique d'Homère, trad. de l'anglais de Pope. *Paris*, 1749, *in*-12. *m. v.*

162. Dellà Necessità di scrivere nella propria lingua, (da Giov. Rosini.) *Pisa*, 1808, *in*-4. *v. f. dent. Pap. Vél.*

163. Le petit Almanach de nos grands hommes,

année 1788, (par Rivarol et Champcenets.) *in-12. v. gauff. dent. édition originale.*

164. The Club, a Dialogue between father and son, by P. Puckle. *London*, 1817, *gr. in-8. br. en cart.*

Cette réimpression d'un ouvrage satirique, dont la première édition est de 1711, est ornée de 50 vignettes gravées en bois avec le plus grand soin.

165. Apologie pour Hérodote, par H. Estienne, avec des remarques, par Le Duchat. *La Haye*, 1735, 2 *tom. en* 3 *vol. in-8. v. b.*

166. Réflexions sur les grands hommes qui sont morts en plaisantant, (par Deslandes.) *Rochefort*, 1755, *in-12. cart.*

167. Le Moyen de parvenir. *Imprimé cette année (en Hollande,) pet. in-12. m. citr. dent. tabis.*

168. OEuvres de la marquise de Palmarèze, (par Mérard de Saint-Just.) *Paris*, 3 *tom. en* 1 *vol. in-12.*

Tiré à cent exemplaires.

169. Le Tableau des piperies des femmes mondaines, ou par plusieurs Histoires se voyent les ruses et artifices dont elles se servent. *Cologne, Pierre du Marteau*, 1685, *in-12. v. gauff.*

170. Le Caquet de l'accouchée, 1622. = Seconde après-disnée du Caquet de l'accouchée, 1622. = Troisième après-disnée du Caquet, 1622. = Dernière et certaine journée du Caquet de l'accouchée, 1623. = Le Passe-Partout du Caquet des Caquets de la nouvelle accouchée, 1622. = La dernière après-disnée du Caquet de l'accouchée, 1622. = Le Relèvement de l'accouchée, 1622. = Le Caquet des femmes du faubourg Montmartre. *Paris, Guill. Gratte-Lard, rue des Poyraux, vis à vis de la Citrouille, à l'enseigne des Navets*, 1622. = Les dernières paroles ou le dernier adieu de l'accouchée, ensemble ce qui s'est passé

164. mit

p.

166. Bou.

Mlle Charpentier Lavi jusqu'au blanc.

168. C.

pluquet.

Mlle Charpentier. 170. xit

Labitte

p.

p.

clerc.

p.

pluquet.

galiot.

idem

Mis avec une revocation de l'édit de Nantes la 1ere partie
181. ce vol. doit estre vendu avec 233

p.

Merault.

en la quatrième après-disnée, etc. 1622. = Dialogue, *sans date*, 3 *feuillets*. = Le Remerciement des servantes de Paris, fait à celui qui a donné l'arrest contre les chastrez. *Paris*, 1622. = Lettre d'Érothée à Neogame, 1624. = Response de Neogame à Érothée, 1624. = Plaidoyer sur l'estrange et admirable Caquet d'une femme. *Lyon*, 1595, *in*-8. *m. bl. doublé de tabis*. Très-bel Exemplaire.

171. Apophthegmata græca regum et ducum, etc. ex Plutarcho et Diogene Laertio, gr. et lat. *Excud. Henr. Stephanus*, 1568, *pet. in*-12. *m. v*.

172. M. Tullii Ciceronis Sententiæ. *Coloniæ*, 1571, *in*-18. *m. vert, dent*.

173. Adagiorum D. Erasmi Epitome. *Amst. Elzev*. 1650, *in*-12. *m. r*.

174. Idem opus. *Amstelod. Elzev*. 1663, *in*-12. *vél*.

175. Scielta di Proverbi e Sentenze italiani, di Giulio Varrini. *Venezia*, 1668, *in*-18. *v. f. le titre refait à la main*.

176. Ducatiana. *Amsterd*. 1738, 2 *tom en* 1 *vol. in*-8. *v. f*.

177. Pieux désirs imités des latins du R. P. Hugo. *Anvers*, 1627, *in*-8. *fig. de Bolswert*, *vél*.

178. M. Ant. Mureti Opera omnia ex mss. aucta et emendata cum annotatione D. Ruhnkenii. *Lugd. Batav*. 1789, 4 *vol. in*-8. *v. gr*.

179. H. Grotii quædam Argumenti theologici, juridici, politici. *Amstel. L. Elzevir*. 1652, *in*-12. *v. b*.

180. Seria et Joci, ou Recueil de plusieurs pièces sur divers sujets. *Caen*, 1664, *in*-12. *vél*.

181. Recueil de diverses pièces curieuses. *Cologne*, (*Elzevier*), 1664, *in*-12. *v. ant*.

182. Tablettes d'un curieux, ou variétés historiques, littéraires et morales. *Paris*, 1789, 2 *vol. in*-12. *bas*.

Labitte

p.

p.

clerc.

p.

pluquet.

galiot.

idem

mis avec une revocation de l'édit de nantes
la 1ere partie
181. ce vol. doit etre vendu avec 233

p.

merault.

183. Pièces intéressantes et peu connues, par La Place. *Maestricht*, 1790, 8 *vol. in*-12. *br.*

184. OEuvres de Blaise Pascal. *La Haye*, (*Paris*), 1779, 5 *vol. in*-8. *v. b.*

185. Les nouvelles OEuvres de M. Le Pays. *Amst. Wolfgang*, (*Elzevier*), 1674, *in*-12. *vél.*

186. Les Lettres et Poésies de madame la Comtesse de B. (de Bregy). *Leyde*, (*Elzevier*,) 1666, *in*-12. *v. b.*

187. OEuvres complètes de La Fontaine. *Paris*, *stéréotype d'Herhan, 8 tom. en 5 vol. in*-12. *fig. dem. rel. dos de m. r. Pap. Vél.*

188. OEuvres de La Fontaine. *Paris, Lefebvre*, 1814, 6 *vol. in*-8. *fig. br. Exemplaire sur Papier Vél. couleur de rose.*

189. Mémoires d'Histoire, de Critique et de Littérature, par d'Artigny. *Paris*, 1749, 7 *vol. in*-12. *v. m.*

190. OEuvres de Montesquieu. *Paris*, 1796, 5 *vol. gr. in*-4. *fig. cart. dos de mar. bl. non rogné. Pap. Vél.*

191. Mes Loisirs, (par le chevalier d'Arc.) *Paris*, 1755, *in*-12. *v. f.*

192. OEuvres complètes de Voltaire. (*Kehl*), *de l'imprimerie de la société littéraire typographique*, 1785, 74 *vol. in*-8. *m. orange, dent. Gr. Pap. Vél.*

Superbe exemplaire, avec les doubles figures de Moreau le jeune; celles de la première suite sont de belles épreuves avec la lettre. Dans le volume de la Pucelle elles sont avant la lettre. La seconde suite est avant la lettre. On a ajouté un grand nombre de portraits, et les figures pour les Romans, de l'édition de Bouillon. Les quatre volumes qui sont de plus renferment les deux volumes de tables qui sont brochés, et le supplément au recueil des lettres de Voltaire, imprimé chez Xhrouet, en 1808. Ces deux volumes sont imprimés sur Grand Papier Vélin, et reliés comme le reste de l'ouvrage.

193. OEuvres de J. J. Rousseau. *Paris*, *Bozerian*,

p.
pierre

185. gu.*

186. am+

galliot.

~~187. of.~~

chinot.

p.

p.

192. azzz+

de Solcinne

Clerc.

galliot.

perault.

197. Crus. antoine

pierre

martine

201. C. antoine

p.

p.

205. gu.

Laloy

1801, 25 *vol. in-12. m. orange. Pap. Vél. Edition tirée à cent exemplaires.*

194. OEuvres de Saint-Foix. *Paris*, 1778, 6 *vol. in-8. br en cart.*

195. OEuvres complètes de Thomas. *Paris, an* X, 7 *vol. in-8. v. f. Pap. Vél.*

196. OEuvres complètes de Marmontel. *Paris*, 1787 *à* 1806, 32 *vol. in-8. fig. br.*

197. Porte-Feuille d'un jeune homme de vingt-trois ans, (le vicomte de Wall). *Paris, Didot l'aîné*, 1788, *in-8. v. gauff.*

198. OEuvres de Beaumarchais. *Paris*, 1809, 7 *vol. in-8. fig. br. en cart.*

199. OEuvres de Rulhière. *Paris, Colnet, in-8. cart. Pap. Vél.*

200. OEuvres posthumes du même. *Paris*, 1792, *in-12. br.*

201. Recueil d'opuscules en vers et en prose, (par M. de Cramayel). *Paris, Didot l'aîné*, 1804, *in-18. m. bl. dent. doublé de tabis.*

Édition tirée à petit nombre.

202. Opere di Galileo Galilei. *Milano*, 1808, 13 *vol. in-8. fig. br.*

203. Mélanges d'Histoire et de Littérature, (publiés par M. Q. Crawfurd). *Paris*, 1817, *in-8. br. en cart. dos de m. r.*

204. OEuvres Politiques, Littéraires et Dramatiques de Gustave III, roi de Suède, (publiées par Dechaux). *Paris*, 1805, 5 *vol. in-8. fig. v. f. dent. Pap. Vél.*

205. Des. Erasmi Colloquia. *Amstelod. ex offic. Elzevir.* 1679, *in-12. v. b.*

206. Recueil des Lettres de madame de Sévigné. *Paris*, 1774, 8 *vol. in-12. v. m.* = Lettres de madame de Sévigné à Bussy-Rabutin. *Paris*, 1775, *in-12. br.*

207. Lectures on history, and general policy, by J. Priestley. *Birmingham*, 1788, *in-4. v. j.*

208. Considérations sur l'étude et les connoissances que demande la composition des ouvrages de Géographie, par d'Anville. *Paris*, 1777, *in-8. rel.*

209. Geographia generalis, aut. Varenio. *Amst. Elzev. in-12. m. cit. dent.*

210. Géographie Ancienne abrégée, par d'Anville. *Paris*, 1768, 3 *vol. in-12. fig. v. m.*

211. Pomponii Melæ de Situ orbis Libri III, cum not. var. *Lugd. Bat.* 1748, 2 *vol. in-8. m. r.*

212. Cours des principaux Fleuves de l'Europe, composé et imprimé par Louis XV, en 1718. *Paris*, 1718, *in-4. v. m.*

Ouvrage tiré à petit nombre.

213. L'Euphrate et le Tigre, par d'Anville. *Paris, Imp. Royale*, 1779, *avec une carte.* = Mémoire sur la mer Caspienne, par d'Anville. *Paris, Imp. Royale*, 1777, *in-4. v. f. avec une carte.*

214. Voyages en Russie, en Tartarie et en Turquie, par M. Ed. D. Clarke, trad. de l'anglais. *Paris*, 1812, 2 *vol. in-8. v. j.*

215. Voyage pittoresque de la Syrie, de la Palestine, etc. d'après les dessins de M. Cassas, par de la Porte du Theil, etc. *Paris*, 1798, 30 *livr. cart. en* 1 *vol. in-fol.*

216. Analyse du Voyage pittoresque de Naples et de Sicile, de Richard de Saint-Non, par l'abbé Brizard. *Paris*, 1787, *in-8. v. rac. Pap. Vél.*

217. Voyage minéralogique, etc. en Toscane, par J. Targioni Tozzetti. *Paris*, 1792, 2 *vol. in-8. v. f.*

218. Voyage dans le Tyrol, par de Bray. *Paris*, 1808, *in-12. v. f.*

219. Voyage du ci-devant Duc du Châtelet en Portugal, revu par Bourgoing. *Paris, l'an VI*,

p.

p. 209. gu.
de Soleinne

p.

gatiot.

p.

p.

p.

La Sitte.

221. gu.* 2 f[illegible] tachés, relié titre écrit.

222. frob. m2e part.

p.

Merault.

p.

Mlle Charpentier

p.

galliot.

229. of.

Motelet.

231. of.

Motelet.

233. gu.* a vendre avec 181

2 *tom. en* 1 *vol. in-*8. *avec des cartes. m. or. Pap. Vél.*

220 Voyage en Portugal, par MM. Link et le comte de Hoffmansegg. *Paris*, 1803, 3 *vol. in-*8. *bas.*

221. Relation d'un voyage en Angleterre, (par Sorbière). *Cologne*, (*Elzevier*), 1666, *in-*12. *vél.*

222. Voyage littéraire de la Grèce, par M. Guys. *Paris*, 1783, 4 *vol. in-*8. *fig. v. m.*

223. Voyage à l'Isle de France, etc. par un officier du roi, (Bernardin de Saint-Pierre.) *Paris*, 1773, 2 *vol. in-*8. *fig. v. f.*

224. Nouveau Voyage aux Grandes-Indes, par Luillier. *Rotterdam*, 1726, *in-*8. *v. f.*

225. Justini Historiarum libri, cum not. I. Vossii. *Lugd. Bat. Elzevir.* 1640, *in-*12. *vél.*

226. Idem Justinus, cum not. var. *Lugd. Bat.* 1760., *in-*8. *cart. dos de m. non rogné.*

227. Précis de l'Histoire universelle, par Anquetil. *Paris*, 1801, 12 *vol. in-*12. *v. rac. dent.*

228. Des effets de la Religion de Mohammed, par Oelsner. *Paris*, 1810, *in-*8. *v. rac.*

229. Essai sur l'influence des Croisades, par A. Heeren, trad. de l'allemand par Charles Villers. *Paris*, 1808, *in-*8. *v. f.*

230. Histoire de la Rivalité de la France et de l'Espagne, par Gaillard. *Paris*, 1801, 8 *vol. in-*12. *v. rac.*

231. Essai sur l'Esprit et l'Influence de la réformation de Luther, par C. Villers. *Paris*, 1808, *in-*8. *v. rac.*

232. Mémoires sur l'Origine des Guerres qui travaillent l'Europe depuis cinquante ans, par P. Linage de Vaucienne. *Paris*, 1677, 2 *vol. in-*12. *v. f. dent.*

233. Recueil historique contenant diverses pièces

curieuses de ce temps. *Cologne*, (*Elzevier*), 1666, *in*-12. *v. ant.*

234. Éclaircissemens historiques sur la révocation de l'Édit de Nantes, (par Rhulière.) 1788, 2 *tom. en* 1 *vol. in*-8. *v. f. dent.*

235. Il Cardinalismo di santa Chiesa. 1668, (*Leyde, Elzevier*), 3 *vol. in*-12. *v. f.*

236. Le même ouvrage. 3 *vol. in*-12. *v.*

237. Histoire des Chevaliers de Malthe, par de Vertot. *Paris*, 1761, 7 *vol. in*-12. *v. m.*

238. Fl. Josephi de Bello judaico et Antiquitates judaicæ, de græco in latinum translatæ, per Ruffinum Aquilensem. *Venetiis, Raynaldus de Novimagio*, 1481, 2 *part. en* 1 *vol. in-fol. v. b. avec des initiales et des bordures peintes en or et en couleurs.*

239. Xenophontis Oratio de Agesilao, Lacedæmoniorum respublica, etc. gr. et lat. rec. Bolton Simpson. *Oxonii, e typogr. Clarendon.* 1754, *in*-8. *v. f.*

240. Q. Curtii Rufi Historiarum libri. *Lugd. Bat. Elzev.* 1633, *in*-12. *m. r. dent.*

241. Idem Quintus Curtius. *Parisiis, Barbou*, 1757, *in*-12. *v. j.*

242. C. Sallustii Opera. *Lutetiæ Parisiorum, Barbou*, 1754, *in*-12. *m. bl. doub. de tabis. Pap. de Hollande.*

243. C. Crispi Sallustii Opera, ex rec. G. Cortii. *Glasguæ*, 1778, *in*-12. *br.*

244. Conjuration de Catilina, par Salluste, trad. par Billecocq. *Paris*, 1795, *in*-18. *m. r. doub. de tabis. Pap. Vél.*

245. Titi Livii Historiarum quod extat. *Amst. Elzev.* 1678, *in*-12. *m. r. dent.*

246. T. Livii Historiarum libri qui supersunt. *Biponti*, 1784, 13 *vol. in*-8. *dem. rel.*

p.

galiot.

Mlle charpentier

237. ao[illegible]. 236. gu.

238. C.

239. part.

Mobelet. tres lavi.

laloy

idem

p.

Mlle Charpentier

244. les.

Molelet.

246 pôt

p.

p.

250 n^t^

p.

Mlle Baudot.

p.

p.

255. C.

Laloy

p.

p.

259. Bou. 7f-25 c.

247. Velleii Paterculi Historiæ Romanæ quæ supersunt. *Londini*, *Tonson*, 1713, *in*-12. *v. b.*

248. L. Ann. Florus; Cl. Salmasius addidit L. Ampelium. *Lugd. Bat. Elzev.* 1638, *in*-12. *vél.*

249. Historiæ Augustæ Scriptores VI. Ælius Spartianus, etc. acc. Schrevelio. *Lugd. Bat.* 1671, *in*-8. *v. b.*

250. Histoire des Révolutions Romaines, de Suède et de Portugal, par de Vertot. *Paris*, 1752, 6 *vol. in*-12. *v. m.*

251. Respublica Romana. *Lugd. Bat. Elzev.* 1626, *in*-16. *vél.*

252. Considérations sur les Causes de la grandeur des Romains, par Montesquieu. *Paris*, *A. A. Renouard*, 1795, 2 *vol. in*-8. *br. Gr. Pap. Vél.*

253. États formés en Europe après la chute de l'Empire Romain, par d'Anville. *Paris*, *Imp. Royale*, 1771, *in*-4. *v. f. avec une carte.*

254. Histoire des Progrès et de la Décadence de la monarchie des Goths en Italie, par J. Naudet. *Paris*, 1811, *in*-8. *br.*

255. Description des Alpes Grecques et Cottiennes, par Albanis Beaumont. *Paris*, *Didot aîné*, 1802, 2 *vol. in*-4. *et atlas in-fol. cart. dos de m. r.*

256. Histoire des Républiques Italiennes du moyen age, par J. C. L. Simonde Sismondi. *Paris*, 1809, *in*-8. *dem. rel. Les tomes* 1 *à* 8.

257. Mémoires secrets et critiques des Cours et des Gouvernemens des principaux états de l'Italie, par J. Gorani. *Paris*, 1793, 3 *vol. in*-8. *v. gr.*

258. Notice de l'ancienne Gaule, par d'Anville. *Paris*, 1760, *in*-4. *v. f.*

259. Histoire critique de l'établissement des François dans les Gaules, par le président Hénault. *Paris*, 1801, 2 *tom. en* 1 *vol. in*-8. *dem. rel. dos de m. r.*

260. Histoire de France, par Anquetil. *Paris*, 1805, 14 *vol. in-12. v. rac.*

261. Histoire de Charlemagne, par Gaillard. *Paris*, 1782, 4 *vol. in-12. v. rac.*

262. L'Esprit de la Ligue, (par Anquetil). *Paris*, 1767, 3 *vol. in-12. v. f.*

263. Les Hermaphrodites, ou l'Ile des Hermaphrodites nouvellement découverte, etc. (par Artus Thomas, sieur d'Embry. 1605), *pet. in-12. cart.*

264. La Satyre Menippée. *Ratisbonne*, (*Elzevier*), 1664, *in-12. fig. vél.*

La figure de la procession de la Ligue est avant la lettre.

265. Sermons de la simulée Conversion de Henri de Bourbon, par J. Boucher. *Paris*, *G. Chaudière*, 1594, *in-8. m. bl. dent. édition originale.*

266. Mémoires de Ph. Hurault, comte de Chiverny. *Paris*, 1664, 2 *vol. in-12. m. vert.*

267. Histoire du cardinal de Richelieu. *Cologne*, *Dumarteau*, (*Holl. Elzev.*) 1666, 5 *vol. in-12. v. gauff. dent.*

268. Histoire du Ministère du cardinal de Richelieu. *Leyde*, *Jean Sambix*, (*Elzev.*) 1652, 2 *vol. in-12. v. gauff. dent.*

269. Mémoires de P. de La Porte, valet de chambre de Louis XIV. *Genève*, 1755, *in-12. v. m.*

270. Les Héros de la Ligue, ou la procession monacale conduite par Louis XIV pour la conversion des protestans de son royaume. *Paris*, *Père Peters*, (*Hollande*), *in-4. fig. m. r.*

271. La Chasse au Loup de M. le Dauphin, ou la rencontre du comte du Roure dans les plaines d'Anet. *Cologne*, *P. Marteau*, *in-12. broché.*

272. Histoire de la Guerre Civile en France, (par l'abbé Soulavie). *Paris*, 1803, 3 *vol. in-8. v. f.*

273. Histoire secrète du Cabinet de Napoléon Bonaparte, par Lewis Goldsmith. *Londres*, 1814, 2 *tom. en* 1 *vol. in-8. v. j.*

p.

Rouget.

p.

Motelet.

très taché à la fin

Chardin

264. am+

Mlle Charpentier

très rogné.

267. bien.

p

268. Bou. 9e-25

bien.

270. hz+

Mlle Charpentier

271. ai+

Rouget.

p.

274. Bou. plaquet.
275. Bou. 24e-25e. Crus.

277. of. No.

p.

279. Lecher.

280. part. gu.
281. part.

p.

p.

285. Sac.

p.

274. Les Mémoires d'Edmond Ludlow. *Amsterd.* 1699 *et* 1707, 3 *vol. in-12. v. f.*

275. Histoire du Duc de Marlborough. *Paris, imp. royale*, 1805, 3 *vol. in-8. m. r. dent. doub. de tabis. Pap. Vél.*

276. Histoire de l'Anarchie de Pologne, par C. Rulhière. *Paris*, 1807, 4 *vol. in-8. v. rac.*

277. Le même ouvrage. 4 *vol. in-8. br. Pap. Vél.*

278. Histoire ou Anecdotes sur la révolution de Russie, en 1762, (par Rulhière). *Paris*, 1797, *in-8. v. f. Pap. Vél.*

279. Recherches historiques sur les connoissances que les Anciens avoient de l'Inde, trad. de l'anglois de W. Robertson. *Paris*, 1792, *in-8. v. f. Pap. Vél.*

280. Persia seu Regni Persii Status. *Lugd. Bat. Elzev.* 1633, *in-16. vél.*

281. Africæ Descriptio. *Lugd. Bat. Elzev.* 1632, 2 *vol. in-16. v. b.*

282. Neuf Cartes et plans *grand in-fol.* faisant partie de la Description de l'Égypte, publiée par le gouvernement.

283. Mémoire pour le chef de brigade Pelage, et les habitans de la Guadeloupe. *Paris*, 1803, 2 *vol. in-8. v. gr.*

284. Histoire du Brésil, par Alphonse de Beauchamp. *Paris*, 1815, 3 *vol. in-8. br.*

285. Antiquitates Asiaticæ christianam æram antecedentes, notis illustratæ per Ed. Chishull. *Londini*, 1728, *in-fol. fig. v. b.*

286. De Re Nummaria. *Coloniæ Agripp.* 1569, *in-12. dem. rel.*

287. Car. Patini Introductio ad Historiam numismatum. *Amstel.* 1683. = M. Suaresii de Numismatis Dissertatio. *Amst.* 1683, *in-12. v. b.*

288. Anciens Monuments de l'art de l'Italie, par J. Winkelmann, trad. en allemand. *Berlin*, 1791, 2 *tom. en* 1 *vol. in-fol. fig. cart.*

289. Découverte de la maison de campagne d'Horace, par l'abbé Capmartin de Chaupy. *Rome*, 1767, 3 *vol. in*-8. *v. gr.*

290. Recueil de Dissertations sur plusieurs sujets d'antiquités, par Heyne, en allemand. *Leipzig*, 1778, *in*-8. *cart.*

291. Polydori Vergilii de rerum Inventoribus libri VIII. *Amst. D. Elzevir.* 1671, *in*-12. *m. bl. dent.*

292. J. A. Fabricii Bibliotheca latina, digesta et aucta a J. A. Ernesti. *Lipsiæ*, 1773, 3 *vol. in*-8. *vél.*

293. La Libreria del Doni Fiorentino, nella quale sono scritti tutti gli autori vulgari, etc. *Vinegia*, 1558, *in*-8. *v. b.*

294. Bibliothéque Françoise, par Goujet. *Paris*, 1740, 18 *vol. in*-12. *v. b.*

295. Annales de l'Imprimerie des Alde, avec le supplément, par A. A. Renouard. *Paris*, 1803 *et* 1812, 3 *vol. in*-8. *m. orange, dent. doub. de tabis. Pap. Vél. satiné.*

296. Dictionnaire Bibliographique des livres rares, etc. (par Duclos et Cailleau). *Paris*, 1791, 3 *vol. in*-8. *v. f.*

297. Manuel du Libraire et de l'amateur de livres, par M. J. C. Brunet fils. *Paris*, 1810, 3 *vol. in*-8. *br. en cart. Pap. Fort.*

298. Notice des ouvrages de d'Anville, (par M. Barbié du Boccage,) précédé de son Éloge, (par M. Dacier). *Paris*, 1802, *in*-8. *v. f.*

299. Catalogue des livres imprimés de la Bibliothéque du Roi. *Paris*, *impr. royale*, 1739, 6 *vol. in-fol. br. en cart.*

300. Catalogue des livres de la Bibliothéque du maréchal d'Estrées. *Paris*, *Guérin*, 1740, 2 *vol. in*-8. *v. m. Gr. Pap.*

301. Bibliotheca Smithiana. *Venetiis*, 1755, *in*-4. *v. m.*

p. avec des filets dechirés.

galliot.

p.

p.

293 d.s.

p.

~~chodin~~ fertè. le supplement broché.

p.

p.

fertè.

idem

retiré sans enchere

p.

il marque la table des anteurs p.

30 f. gu.*

p.

p.

p.

p.

p.

p.

p.

ferté.

Clerc.

p.

Mlle Charpentier

302. Catalogue des livres de la Bibliothéque de la princesse de Conty. *Paris, Prault*, 1775, *in*-8. *v.f. Pap. de Hollande.*

303. Bibliotheca Croftsiana. *London*, 1783, *in*-8. *br.*

304. Catalogue des livres de Mirabeau. *Paris, Rozet*, 1791, *in*-8. *v. rac.*

305. Catalogue des livres de la Bibliothéque du cardinal de Loménie, faisant suite à l'Index librorum, etc. *Paris, G. De Bure*, 1792, *in*-8. *v.f.*

306. Catalogue des livres de M. M. (Méon). *Paris, Bleuet jeune*, 1803, *in*-8. *v.j. avec les prix.*

307. Catalogue des livres de la Bibliothéque de La Serna Santander. *Bruxelles*, 1803, 5 *vol. in*-8. *les* 4 *premiers br. le tome cinquième en v.f.*

308. Catalogue des livres de Tourneisen, avec le supplément. *Paris, Tilliard*, 1811. = De M.***. *Paris, Merlin*, 1811. = De M. ***. *Paris, De Bure*, 1811, *in*-8. *v.j.*

309. Histoire de Cicéron, (trad. de l'anglois de Middleton,) par l'abbé Prevost. *Paris*, 1743, 4 *vol. in*-12. *m. v. dent.*

310. Les Éloges des Savans, tirés de l'Histoire de De Thou, par Teissier. *Leyde*, 1715, 4 *vol. in*-12. *v. rac.*

311. Mémoires sur la Vie de Pibrac, (par l'Épine de Grainville, augmentés par l'abbé Sepher). *Amst.* 1761, *in*-12. *v. m.*

312. La Vie et les actions mémorables de Ruyter. *Amsterd.* 1677, *in*-12. *v. gr. dent.*

313. Histoire de Fénélon, par M. de Bausset. *Paris*, 1808, 3 *vol. in*-8. *dem. rel.*

314. La même histoire. 3 *vol. in*-8. *v.f.*

315. Mémoires d'un père pour servir à l'instruction de ses enfans, par Marmontel. *Paris*, 1804, 4 *vol. in*-8. *v.f.*

316. Essai sur la Vie de J. J. Barthélemy, par

Mancini Nivernois. *Paris, De Bure*, 1795, *in*-4. *br. Pap. Vél.*

317. Æliani varia Historia, cum not. var. curante A. Gronovio. *Lugd. Bat.* 1731, 2 *vol. in*-4. *br. en cart. non rogné.*

318. Valerii Maximi Dictorum Factorumque memorabilium lib IX. *Amstelod.* 1690, *in*-16. *v. b.*

319. Dictionnaire de Bayle. *Rotterdam*, 1720, 4 *vol. in-fol. v. j.*

ARTICLE OMIS.

320. Pensées de l'Empereur Marc-Aurèle, trad. par de Joly. *Paris, Renouard*, 1796, *in*-8. *m. bl. dent. Pap. Vél.*

Cent quarante et un cuivres des figures des Fables de La Fontaine, gravées d'après les dessins d'Oudry.

Ces figures ne sont pas la totalité de celles qui ornent cette belle édition, mais elles peuvent servir à former des Recueils d'estampes pour les enfants. On vient de faire tirer deux épreuves de chaque planche, pour montrer dans quel état sont ces cuivres. On pourra les voir dès à présent chez MM. De Bure frères, libraires du Roi et de la Bibliothéque du Roi, rue Serpente, n° 7.

FIN.

DE L'IMPRIMERIE DE CRAPELET.

Mlle charpentier. 317. hz+

p.

319. cher.

ferté

Louis jean

gironne

www.ingramcontent.com/pod-product-compliance
Ingram Content Group UK Ltd.
Pitfield, Milton Keynes, MK11 3LW, UK
UKHW020431180726
13839UKWH00003B/1442